Einführung in H5P

Interaktive Lerninhalte erstellen, austauschen, verändern und wiederverwenden

Paolo Ravalli

Impressum

Bibliografische Information der Deutschen Nationalbibliothek:
Die Deutsche Nationalbibliothek verzeichnet diese Publikation in der
Deutschen Nationalbibliografie; detaillierte bibliografische Daten sind
im Internet über http://dnb.dnb.de abrufbar.

© 2019 Paolo Ravalli

Lektorat: Dana Marie Gillaschke

Weitere Mitwirkende: Prof. Dr. Beutner, Lehrstuhl für
Wirtschaftspädagogik und Evaluationsforschung, Fakultät für
Wirtschaftswissenschaften der Universität Paderborn

Weitere Informationen über H5P und Umsetzungsbeispiele findet man
auf: www.smashing-learning.net

Herstellung und Verlag: BoD – Books on Demand, Norderstedt

ISBN: 9783750413030

Was Dich erwartet…

VORWORT   5

eins: H5P kennenlernen   7

Was ist H5P   7

Die Vorteile des Einsatzes von H5P   10

zwei: H5P erstellen   13

Lerninhalte mit H5P erstellen   13

Direkter Link oder embedded Link von H5P.org   14

H5P Plugins   15

H5P via LTI oder Integration in einem existierenden LMS - Learning Management System (nur mit H5P.com)   16

Erstellung von neuen H5P Inhalten   18

Upload und Bearbeitung von existierenden fremden und eigenen Inhalten   20

drei: H5P Inhaltstypen in Kürze   23

H5P Inhaltstypen - Kurze Erläuterung   23

Textbasierte Inhalte   27

Bildbasierte Inhaltstypen   29

Bewegtbildbasierte Inhalte   31

Tools und Werkzeuge für die eigene Webseite   32

Spiele für eine Gamifizierung   33

Für fortgeschrittene Benutzer: Integration in vorhandene Systeme   34

vier: Mit H5P Lernprozesse unterstützen   37

Didaktische Orientierung – einige Empfehlungen   37

Empfehlung 1: Gestalte klein, aber denke groß!   38

Empfehlung 2: Setze das "didaktische Rasiermesser" ein!   41

Empfehlung 3: Lernen ist ein mehrdimensionaler Prozess, der
mehrdimensionale Unterstützung erfordert!   42

fünf: H5P Lizenzmodell und Datenschutz   45

H5P Software als Autorenwerkzeug   45

Lizenzierung der mit H5P erstellten Inhalte   46

H5P und Datenschutz (DSGVO)   51

Fazit: H5P nutzen und verbreitern   53

Kleines Glossar   55

Literatur- und Leseempfehlungen zu H5P   59

VORWORT

Diese kurze Einführung wurde ursprünglich als Skript für die Studierenden des Seminars "Erstellung von interaktiven Lerninhalten mit H5P" an der Universität Paderborn konzipiert und wurde für die Veröffentlichung überarbeitet. Prof. Dr. Beutner hat das Manuskript revidiert und diese Arbeit mit Anregungen begleitet: dafür gilt ihm mein aufrichtiger Dank.

Ziel dieses Buches ist, H5P Anfängern, die mehr über das Thema erfahren wollen, mit folgenden Fragen eine kompakte Hilfe anzubieten: Was genau ist H5P, welche Möglichkeiten bietet H5P für die Gestaltung der eigenen Lern- und Lehrveranstaltung und wie können Lernende und Lehrende (Lehrer, Studierende, Schüler, Fachexperten) von H5P in der Praxis profitieren?

Jedoch folgt keine technische Einführung in das Thema: Es wird weder auf die Konfiguration der einzelnen H5P Inhaltstypen im Detail eingegangen, noch auf technische Einzelheiten.

Ziel dieser Einführung will auch sein, den unerfahrenen Leser einzuladen, H5P selbst zu entdecken und auszuprobieren. Wie schon Wittgenstein sagte:

> Meine Sätze erläutern dadurch, daß sie der, welcher mich versteht, am Ende als unsinnig erkennt, wenn er durch sie - auf ihnen - über sie hinausgestiegen ist. (Er muß sozusagen die Leiter wegwerfen, nachdem er auf ihr hinaufgestiegen ist.)

(Wittgenstein, Tractatus Logico-Philosophicus 6.54)

In diesem Sinne wünsche ich viel Spaß und einen guten Aufstieg!

Düsseldorf, November 2019.

EINS: H5P KENNENLERNEN

Was ist H5P

H5P ist eine Open Source Software, mit deren Hilfe Du interaktive Inhalte[1] für das Web erstellen, bearbeiten und wiederverwenden kannst. Die Nutzung von H5P ist kostenfrei und der Quellcode der Software steht jedem offen, der diese nutzen, weiterentwickeln oder verbessern möchte. Beispiele von Lernaufgaben, die damit erstellt werden können sind Multiple Choice Tests, Drag and Drop Aufgaben, wie auch interaktive Videos.

Das macht es extrem einfach, für jeden ohne Programmierkenntnisse, Lerninhalte zu erstellen und in die eigene Webseite einzubinden.

Die Geschichte von H5P begann, als 2006 das norwegische Ministerium für Bildung und Forschung ein Projekt ins Leben rief und eine große Summe investierte, um den Zugang und die Nutzung von digitalen Lernressourcen zu verbessern, und deren Qualitätsniveau und Vielfalt zu erhöhen.

Die Idee dahinter war, den Schulen ein Autorensystem zur Verfügung zu stellen, mit dem digitale Ressourcen kostenlos in gedruckter und digitaler Form bereitgestellt und zwischen den Schulen ausgetauscht und wiederverwendet werden konnten.

---

[1] Wir sprechen in diesem Buch oft über H5P Inhalte oder Content (wie auch im Projektdokumentation benannt wird: „Content type"). Damit ist gemeint, Aufgabentyp oder Inhaltstyp. Ein H5P Content ist ein konfigurierbarer *Aufgabentyp* (wie Quiz), mit dem Lerninhalte abgebildet werden.

Das Projekt wurde „NDLA", Norwegian Digital Learning Arena, genannt und in kurzer Zeit standen den norwegischen teilnehmenden Schulen mehr als 17 Lehrpläne und mehr als 30 Themenbereiche zur freien Verfügung.

2012 suchte das NDLA einen Ersatz für das auf Adobe Flash basierte Autorensystem und beauftragte die Firma Joubel[2] mit der Programmierung, die auf HTML5 und freien Web Standards basieren sollte. 2013 war H5P geboren.

Joubel, von den Open-Source-Unternehmen Amendor AS und Cerpus AS mitbegründet, ist derzeit die treibende Kraft hinter H5P.

H5P ist ein Community-Projekt mit einem Kernteam von Entwicklern ("H5P Core Team"), die alle zusammen an einer gemeinsamen Bibliothek von Inhalten arbeiten und diese erstellen, verwenden und aktualisieren.

Das H5P Core Team arbeitet zusammen mit Softwareherstellern, um sicherzustellen, dass H5P gut auf verschiedenen Content Management Systemen (CMS), Learning Management Systemen (LMS) und anderen Frameworks funktioniert. Letztlich gibt es eine weltweite Community von Entwicklern, die einzelne Arbeiten übernimmt, aber auch zusätzlich unterstützende Unternehmen und Freiwillige.

H5P ist als *Registered Trademark* von Joubel eingetragen ("H5P, Copyright (c) 2016 Joubel AS"). Dennoch ist der H5P Code unter der MIT Lizenz, und damit jedem zugänglich. Ziele von H5P sind nach eigenen Angaben:

1. **Eine große weltweite Community** von Fachleuten zu bilden, die H5P Bibliotheken erstellen, verwenden und miteinander teilen.

---

[2] Für mehr Informationen: www.Joubel.com.

2. Das Erstellen, Bereitstellen und Veröffentlichen von HTML Inhalten **auf verschiedenen Plattformen**, zu erleichtern.

3. **Die Zusammenarbeit und die Wiederverwendung** gemeinsamer Lernressourcen zu fördern.

Wie man sieht, sind hier die Grundgedanken der Open Source Bewegung, wie auch der OER (Open Educational Ressourcen) stark in dem H5P Projekt verwurzelt[3]. Es gibt eine große Anzahl von Autorenwerkzeugen im Internet, die obwohl sie oft frei verfügbar sind, dennoch große Probleme mit der Kompatibilität zwischen verschiedenen Arten von Inhaltsformaten, Autorenwerkzeugen und Veröffentlichungsplattformen haben.

H5P setzt dabei auf offene und verbreitete Webtechnologien wie HTML5 und Java, um diese Barrieren abzubauen.

Seit 2018 wird „H5P.com" als kommerzielle Lösung angeboten und als "Premium Version" bezeichnet, die H5P um einige Funktionalitäten erweitert. Dazu werden wir im weiteren Verlauf noch sprechen.

---

[3] Open source und OER werden oft als Synonym verwendet. Dennoch besteht ein wichtiger Unterschied. Mit Open Source bezeichnet man eine Software, deren Quellcode von jedem eingesehen, verändert und genutzt werden kann. Das geschieht in der Regel kostenfrei. Mit OER (Open Educational Ressources) bezeichnet man Lerninhalte (*fachliche Inhalte*), die für jeden kostenfrei zugänglich sind und von jedem verändert und genutzt werden können. Der konkrete Rahmen für Veränderung und Weiternutzung wird in der Lizenztyp genau festgelegt (z.B. „Creative Commons", siehe dazu Kapitel 5, *Lizenzmodell und Datenschutz*). H5P ist ein Open Source Autorenwerkzeug, mit dem man Lerninhalte als OER Inhalte erstellen kann. Daher ist H5P als Werkzeug kein OER, deren Inhalte dürfen (müssen aber nicht zwingend) als OER genutzt werden.

Die Vorteile des Einsatzes von H5P

Welche Vorteile bietet H5P in der Praxis? H5P besitzt eine große Reihe an Vorteilen für jeden, der sich mit der Gestaltung und Erstellung von digitalen Lernressourcen beschäftigt.

Benutzerfreundlichkeit. H5P ist sehr einfach zu bedienen und erfordert keine Programmierkenntnisse: Jeder kann im Prinzip mitmachen. Damit ist es auch Schülerinnen und Schülern möglich, digitalen Content zu erstellen. Sowohl die Eingabe in die Masken als die Veränderung fertiger H5P Elemente ist so einfach, wie das Erstellen eines Textes mit einem gängigen Textverarbeitungsprogramm (Word, Open Office, etc.)

H5P ist für unterschiedliche Endgeräte optimiert. H5P Inhalte sehen auf kleineren Geräten, Smartphones und Tablets gut aus und sind zudem gut bedienbar. Das ist natürlich eine wichtige Voraussetzung für die Zukunft, da bei der Gestaltung von Lernangeboten kleinere Geräte, wie Smartphones und Tablets mit verschiedenen Displaygrößen, eine immer größere Rolle spielen werden. Man lernt nicht nur im Büro am PC, sondern auch auf dem Weg zur Arbeit oder beim Warten auf den nächsten Dienstflug.

Flexibilität. H5P ist kostenfrei und die erstellten Ressourcen können mühelos und kostenfrei wiederverwendet werden. H5P Inhalte können auf der zentralen Plattform erstellt, in andere Websites eingebaut (so wie YouTube Videos), aber auch in eigene Plattformen integriert werden.

H5P ist ein Open Source Projekt, das von dem Support einer sehr aktiven Community profitiert, und mit Aktualisierungen, Verbesserungen und Erweiterungen ständig unterstützt wird. Die Software wird kontinuierlich erweitert und an neue Systeme angebunden. Dazu ist sie sehr gut dokumentiert.

Umfangreiches Aufgabentypenportfolio. H5P besitzt eine sehr große Bibliothek an schon vorhandenen Inhaltstypen (mehr als 40 bis heute), die nahezu fast alles abdecken, was didaktisch einsetzbar ist.

ZWEI: H5P ERSTELLEN

Lerninhalte mit H5P erstellen

H5P ist ein Web Autorensystem für das Erstellen von Inhalten für das Web.

Das System benötigt zwei Elemente: Ein Web-Wirtssystem, wie zum Beispiel Wordpress, auf dem die H5P Software installiert wird und eine H5P Datei, in der der eigentliche interaktive Inhalt abgespielt wird. Ähnlich wie für eine Textdatei, benötigt man ein Textverarbeitungsprogramm und eine Textdatei, um Textdateien zu lesen oder zu verändern.

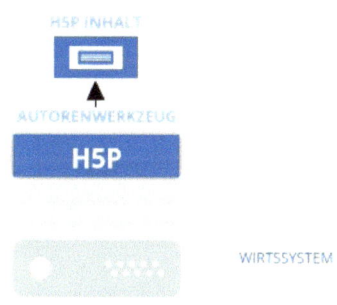

Abbildung 1. Architektur (vereinfacht) für H5P

Mit dem H5P Autorensystem kann man neue Inhalte erstellen oder Vorhandene verändern. Das heißt die Inhalte können sehr einfach heruntergeladen, verändert, weiter hochgeladen und genutzt werden. Die Funktionalitäten des H5P Autorensystems werden wiederum als Open Source Projekt stetig von den H5P Community Mitgliedern erweitert, ergänzt und verbessert.

Das H5P Projekt koordiniert diese gemeinsame Entwicklung und erstellt die gemeinsame Strategie und Roadmap. Jährlich treffen sich die Mitglieder der H5P Community zu einer Konferenz, um Erfahrungen, Best Practices und Ideen auszutauschen und die Roadmap zu besprechen. Um H5P zu nutzen, gibt es drei Möglichkeiten:

1. **Direkter Link oder embedded Link von H5P.org**
2. **H5P Plugins** auf dem eigenen Websystem
3. **H5P via LTI** (nur mit H5P.com) und Anbindung an das eigene Learning Management System

Direkter Link oder embedded Link von H5P.org

In diesem Fall werden das H5P Autorensystem und der Content direkt von der H5P Organisation in der Cloud gehostet. Zuerst muss man sich auf der Seite www.H5P.org registrieren und nachdem man einen Account angelegt hat, kann man direkt loslegen: Inhalte erstellen und direkt veröffentlichen.

Die so erstellten Inhalte werden auf der eigenen Webseite per iframe eingebettet. Zum Teilen von Inhalten wird ein Code zum

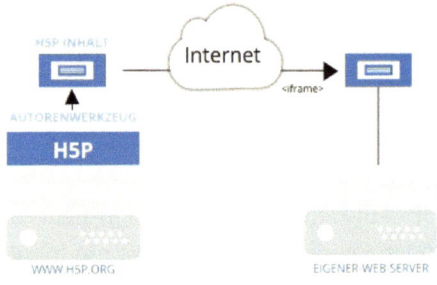

Abbildung 2. Anbindung mittels iframe

Einbetten zur Verfügung gestellt. Das funktioniert ähnlich wie z.B. das Einbetten eines Youtube Clips. Man kopiert sich den Code und platziert ihn an der Stelle, an der später der H5P Inhalt gezeigt werden soll.

Vorteil dieser ersten Methode ist, dass man wenig Zeit und keine speziellen technischen Kenntnisse benötigt, um H5P Inhalte zu nutzen.
Nachteil dieser Methode: Es gibt bestimmte Limitierungen was den Upload von Ressourcen angeht (es dürfen max. 16 MB große Dateien hochgeladen werden).
Technisch gesehen, läuft der H5P Content auf dieser Weise auf der Webseite der H5P Organisation und alle die über den gleichen Link verfügen, können diese Ressource sehen und nutzen. Die H5P Organisation beschreibt diese Methode eher als einen Weg H5P selbst temporär auszuprobieren, aber nicht als ideale Lösung.

H5P Plugins
Die zweite Methode erfordert einen eigenen Webserver und dass die H5P Software ("Plugin") zusätzlich darauf installiert ist. In diesem Fall sind das H5P Autorensystem und der Content auf einem eigenen Wirtssystem gehostet.
Zur Zeit existieren dafür 3 Plugins, die von dem H5P Core Team erstellt und regelmäßig gewartet werden:

1. Wordpress
2. Drupal
3. Moodle

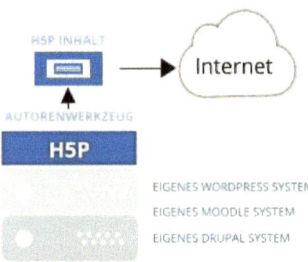

Abbildung 3. H5P mit Plugin

Weitere Plugins werden von Community Mitgliedern von H5P erstellt und direkt von den Mitgliedern gewartet und aktualisiert, wobei es keine Garantie gibt, dass sie in der Zukunft weiterentwickelt oder gepflegt werden.

Vorteil dieser Methode ist, dass man volle Kontrolle über den eigenen Content hat und dass weder Video-, noch Bildupload Einschränkungen vorliegen.

Nachteil ist natürlich, dass man dafür ein existierendes Wirtssystem (Wordpress, Moodle oder Drupal) braucht, damit der Content erstellt werden kann und lauffähig ist.

H5P via LTI oder Integration in einem existierenden LMS - Learning Management System (nur mit H5P.com)

In diesem Fall werden das H5P Autorensystem und der Content direkt von der H5P Organisation gehostet, wie beim ersten Fall. Jedoch ist dieses System kostenpflichtig und von dem H5P.ORG Wirtssystem komplett getrennt.

Diese Möglichkeit existiert erst seit 2018. Man erstellt einen Account auf H5P.COM und gegen eine monatliche/jährliche Fee kann man sowohl wie bei der ersten und zweiten Methode vorgehen, als auch H5P mit weiteren LMS via LTI integrieren (Systeme wie Canvas, Brightspace und Blackboard).

Darüber hinaus ermöglicht der kostenpflichtige Account auch ein eigenes Tracking und Reporting über die Content Nutzung.

Außerdem bietet das H5P.com eine bessere Hosting Performance und Verfügbarkeit des Contents, sowie einen optimierten Video Upload (mehrere Videoformate werden unterstützt und automatisch auf das Endgerät optimiert).

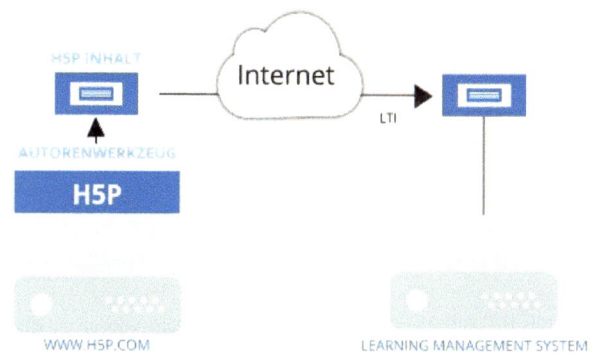

Abbildung 4. H5P.COM

Dieses Angebot wendet sich an Unternehmen und Benutzer mit professionellen Anforderungen. Nach Angaben der H5P Organisation soll es das kostenfreie Angebot nicht ersetzen, sondern eher ein Weg sein, um das Projekt H5P zu finanzieren und dessen Existenz langfristig zu garantieren.

Die Nutzung von H5P.com stellt dabei eine typische SaaS Dienstleistung dar und erfordert ein fortgeschritteneres technisches Verständnis, als die Nutzung von H5P.org oder die Nutzung auf dem eigenen Moodle oder Wordpress Server. Daher werden wir uns damit in diesem Rahmen nicht beschäftigen und für weitere Details verweisen wir direkt auf die

Dokumentation auf der H5P.org Seite oder auf den H5P.com Support.

Erstellung von neuen H5P Inhalten

Um einen neuen Inhalt zu erstellen, muss man auf den jeweiligen Reiter oder Tab im eigenen Wirtssystem gehen:

1. **Für Drupal**: Man fügt zuerst H5P als neues Drupal Modul ein, dann als neuen „Content Type" und dann drückt man auf „neuen Inhalt" („Add Content").
2. **Für WordPress**: Man installiert das H5P Plugin und dann klickt man auf Neu erstellen auf dem H5P Plugin Dashboard.
3. **Für Moodle**: Man installiert das H5P Plugin und dann drückt man auf „neue Inhalte oder Tool" anlegen (*„add activity"*).

Alternativ kann man einen freien Account auf H5P.ORG erstellen (dafür benötigt man nur eine Emailadresse) und nach der erfolgreichen Registrierung geht man auf der Profilseite auf den Reiter „My Account" und dann auf „try out H5P" und man kann direkt loslegen.

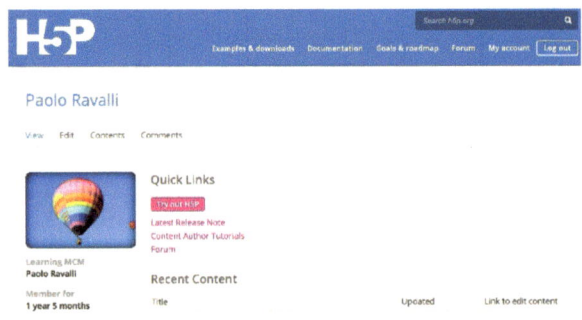

Abbildung 5. Profilseite auf H5P.ORG

In beiden Fällen (auf eigenem Wirtssystem oder auf H5P.ORG) ist die Erstellung von Inhalten ähnlich einfach.

Der H5P Editor wird angezeigt. Zuerst klickt man auf „Inhalt erstellen" ("Create Content"):

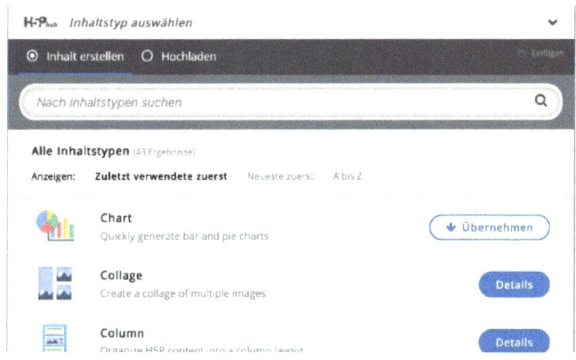

Abbildung 6. Erfolgreiche Installation und Auswahl eines Inhaltstyps

Dann muss man entscheiden, welchen Inhaltstyp man erstellen möchte, wie z.B. ein Multiple Choice Quiz oder Chart.

Auf dem eigenen Wirtssystem werden bei der ersten Installation des Contents alle für den jeweiligen Inhaltstyp notwendigen Bibliotheken lokal abgespeichert. Sie brauchen nur einmal installiert zu werden. Diese Operation muss für jeden neuen (und noch nicht verwendeten Content Typ) wiederholt werden.

Auf dem H5P.ORG System hingegen braucht man nur den Inhaltstyp auszuwählen. Alle notwendigen Bibliotheken sind bereits vorhanden.

Upload und Bearbeitung von existierenden fremden und eigenen Inhalten

Zum Bearbeiten von Inhalten, die von anderen erstellt wurden, werden diese heruntergeladen, neu hochgeladen und je nach eigenem Bedarf angepasst, ergänzt und verändert. Die Bearbeitung von existierenden Inhalten ist auf H5P.ORG möglich, wie auch auf dem eigenen Wirtssystem.

Zum Bearbeiten von existierenden Inhalten, muss man auf den jeweiligen Reiter oder Tab im eigenen Wirtssystem gehen:

1. Für Drupal: Drückt man die Edit-Taste auf dem H5P Modul.
2. Für Wordpress: Drückt man die Edit-Taste auf der H5P Plugin Dashboard.
3. Für Moodle: Klickt man auf den Link Bearbeiten / Einstellungen bearbeiten in H5P Plugin.

Der H5P Editor wird angezeigt. Zuerst klickt man auf "Upload Content" und dann muss die entsprechende Datei mit Endung ".h5p" hochgeladen werden.

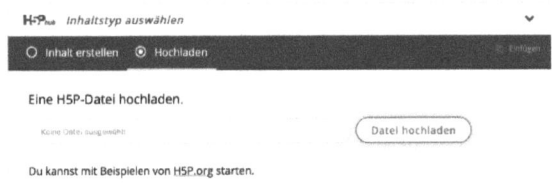

Abbildung 7. Upload von H5P Inhalten

Das H5P Format (HTML5 Package) ist ein sogenanntes *Content Collaboration Framework*, das bedeutet eine gemeinsame Basis für die Erstellung und Bearbeitung von Inhalten. Dazu werden

Webtechnologien wie HTML5, CSS3 und JavaScript genutzt. Wichtig dabei ist zu wissen, dass die h5p Datei alle nötigen Informationen (Texte, Bilder, Videos, Interaktionen, etc) enthält, die im H5P Inhalt enthalten sind. Damit können existierenden Inhalte komplett geändert, ergänzt und erweitert werden.

Nach dem Upload kann man auf „Bearbeiten" klicken und die Inhalte anpassen. H5P hat eine sehr einfache und intuitive Benutzeroberfläche. Das ist ein weiterer Vorteil von H5P im Vergleich zu anderen Open Source Lernsoftwares.

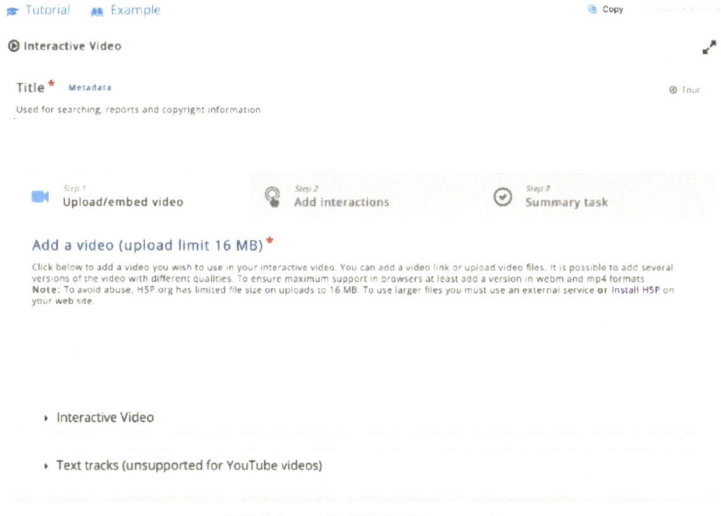

Abbildung 8. H5P Editormaske

Die Eingaben erfolgen alle in Masken oder Fenstern und jedes Feld wird ausführlich erklärt. Unter "Beispiel" (Example") befinden sich im Editor direkte Verlinkungen auf step-by-step Tutorials und die entsprechende Dokumentation[4]. Außerdem ist die Dokumentation sowohl auf der H5P Projektseite, als auch im

---

[4] Siehe dazu: https://h5p.org/documentation/for-authors/tutorials.

Netz (auf YouTube, Lernblogs oder Universitäten, wie der UDE - Universität Duisburg Essen, https://wiki.uni-due.de) sehr umfangreich.

Nicht selten existieren komplette Einleitungen in deutscher Sprache. Die Popularität und Verteilung von H5P wächst ständig und dies bietet jedem H5P Anfänger viele Möglichkeiten, ihr Wissen zu erweitern[5].

Wir wollen jetzt einen kurzen Blick auf die auf H5P verfügbaren Inhaltstypen werfen und die unterstützten Content Typen im Folgenden kurz beschreiben. Der Fokus wird bewusst auf die didaktischen Einsatzmöglichkeiten gelegt und nicht auf die technische Konfiguration.

Daher werden wir nicht auf die Erstellung der jeweiligen Inhaltstypen eingehen, sondern verweisen hier auf die entsprechende H5P Dokumentationsseite[6].

---

[5] H5P profitiert seit 4 Jahren vom zunehmenden und wachsenden Interesse und Beliebtheit: Beleg dafür ist die Anzahl der Suchanfragen zu diesem Thema bei Google, siehe Google (2019).

[6] https://h5p.org/documentation.

DREI: H5P INHALTSTYPEN IN KÜRZE

H5P Inhaltstypen - Kurze Erläuterung

H5P bietet ein umfangreiches Portfolio an Inhaltstypen, die an unterschiedliche Lernsituationen angepasst werden können. Einerseits kann man die Inhalte als reine Online Angebote gestalten: Der Benutzer bekommt unmittelbar Feedback über die eingegebene Lösung:

Abbildung 9. Benutzerfeedback:" 1 von 2 korrekt"

Die Systemrückmeldungen kann man auch ausführlicher konfigurieren, indem man „Score Ranges" (Skalenwerte) festlegt.

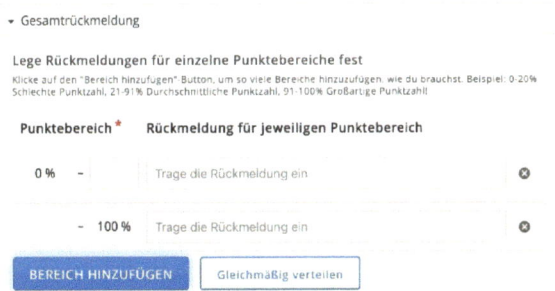

Abbildung 10. Maske für die Konfiguration des Benutzerfeedbacks

Zum Beispiel: bei einer Prozentzahl von korrekten Antworten zwischen 0 und 79% kann die Rückmeldung lauten: „Schade! Wiederhole kurz die Inhalte und versuche es nochmal!" und zwischen 80% und 100%, so: „Super! Du hast toll gemacht!".

Der Autor kann frei definieren welche Rückmeldung angezeigt werden und wieviele und welche Skalenwerte vom System eingeblendet werden:

Es können auch gezielte Tipps und Rückmeldungen festgelegt werden, die pro Eingabe eingeblendet werden (zum Beispiel ein Tipp pro Frage in einem Multiple Choice Quiz).

Andererseits können auch hybride Lernarrangements, *Blended Learning* oder *Flipped Classrooms.*

Weiter bietet H5P die Gelegenheit, dass der Lernende selbst Inhalte erstellt, *User Generated Content.* Es können eigene Erfahrungen reflektiert, geteilt oder im Rahmen des *Lernen durch Lehren* Konzepts, kleine Lerneinheiten für Kommilitonen erstellt werden. Wie wir sehen, kann mit H5P unmittelbar Feedback über die Inhalte gesammelt werden (siehe unten den Contenttyp "Questionnaire").

Letztlich kann H5P als einfaches *Authoring Tool für Experten* genutzt werden, das im Rahmen einer Experten-Community für andere Lerninhalte oder Informationsupdates erstellt.

Wie man sieht, ermöglicht H5P eine flexible Erstellung, Austausch und Nutzung von Inhalten nicht nur für Lehrende, sondern für alle im Lernprozess beteiligten Akteure: Experten, Lehrer und Lernende.

Die Vielfalt der H5P Bibliothek ist sehr groß: Sie umfasst mehr als 40 Formate. Die hier aufgelisteten Content Typen sind keineswegs alle, die auf H5P genutzt werden: Es kommen ständig neue Inhaltstypen dazu.

Wir werden keine komplette Content Liste anbieten, sondern eher eine erste Orientierung in die Content Typen, die unserer Erfahrung nach am interessantesten sind.

In diesem Rahmen wollen wir auch keine detaillierte Beschreibung der Konfiguration und jedes einzelnen Elements anbieten.

Einerseits werden sie ständig um neue Funktionalitäten erweitert, das macht jede "Buchdokumentation" schnell obsolet[7].

Andererseits ist H5P wie viele Web 2.0 Applikationen ein offenes, intuitives und für den Benutzer gedachtest Werkzeug, das zum selbst Ausprobieren einlädt: Man lernt in H5P sozusagen direkt im Wasser "schwimmen".

Vielmehr geht es uns darum, den ersten Einstieg zu erleichtern und die Neugier und die Entdeckungsfreude der Interessierten zu wecken.

Im folgenden Bild gibt es einen Überblick über die H5P Content Typen[8]:

---

[7] Siehe dazu: https://h5p.org/content-types-and-applications.
[8] Stand: Oktober 2019.

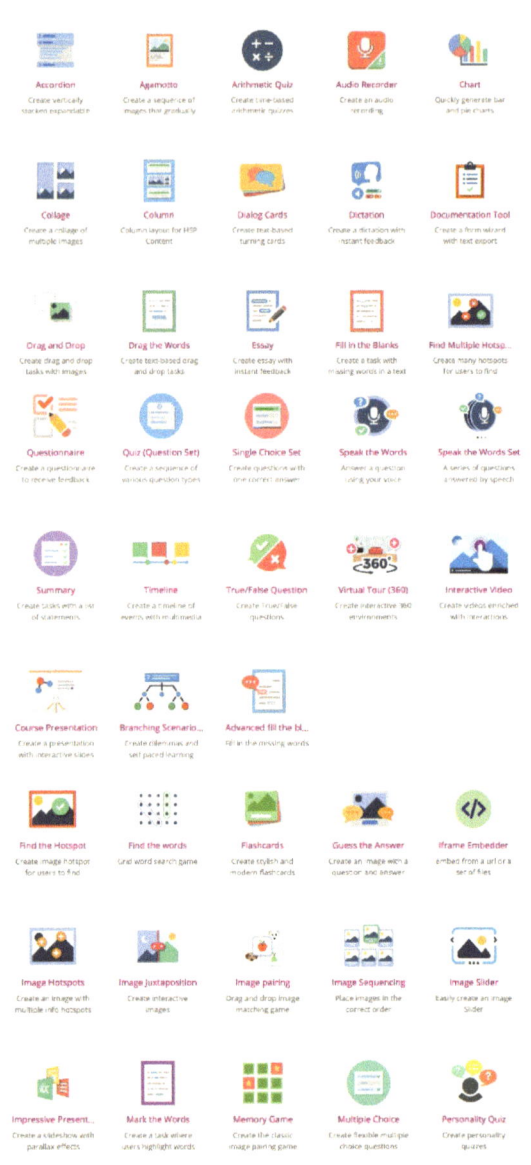

Abbildung 11. Übersicht über die H5P Inhaltstypen (aus H5P.ORG)

Die Konfiguration der Elemente ist sehr intuitiv: Ein grafischer Web Editor ermöglicht alle Eingaben ohne Programmierkenntnisse zu tätigen und mit einem Klick auf "Speichern" wird die Vorschau der erstellten Inhalte angezeigt. Mit "Edit" kann man die Inhalte dann wieder bearbeiten und weitere Änderungen vornehmen.

Aus rein praktischen Gründen fassen wir in diesem Buch die Inhaltstypen in 5 großen Kategorien zusammen:

1. Textbasierte Inhalte
2. Bildbasierte Inhalte
3. Bewegtbildbasierte Inhalte
4. Tools und Werkzeuge für die eigene Webseite
5. Spiele für eine Gamifizierung

Die Unterscheidung Text/Bild/Bewegtbild bezieht sich auf die jeweiligen minimalen Elemente (Text, Bild, Video), die für die minimale Konfiguration des Inhaltstyps erforderlich sind.

Dennoch können bei Textbasierten auch Bilder eingefügt, bei bildbasierten Inhalten Videos eingefügt werden. Aber diese Inhalte sind in den jeweiligen Typen optional.

Textbasierte Inhalte
Single Choice; **Multiple Choice**; **True/False Questions**; **Arithmetic Quiz**. Mit diesen Inhaltstypen lassen sich auf einfache Weise Tests und Quizze erstellen (Aufgabentypen für die Darstellung und Prüfung von Inhalten).
Mark the words. Der Benutzer soll bestimmte Elemente in einem Text markieren. Ideal zum Beispiel für den Sprachunterricht ("markiere im Text alle Verben im Präteritum") oder Fachunterricht ("markiere die falschen Aussagen: <Heringe, Forellen und Delphine sind Fischarten>").

Drag the words /Drag the words Advanced; Fill the blanks.
Diese sind klassische Lückentextaufgaben, aber interaktiver gestaltet.

Mit dem Content Typ **Quiz (Question Set)** lassen sich Tests mit den o.g. Fragetypen gemischt gestalten: Mehrfachauswahlmöglichkeiten, Drag and Drop, Drag the words, etc. Es können bei den Tests auch multimediale Elemente wie Bilder oder Videos pro Frage einbettet werden.

Accordion und **Summary** bieten die Möglichkeit, bestimmte Begriffe explorativ zu erlernen (Accordion) oder das gerade Gelernte interaktiv zu wiederholen. Beim Summary muss der Benutzer zwischen unterschiedlichen Aussagen wählen. Alle richtigen Aussagen werden am Ende zusammengefasst.

Column Layout for H5P bietet die Möglichkeit alle H5P Inhalte zu einer Einheit (einer "Contentspalte") zu erstellen. Man addiert den gewünschten Inhaltstyp und dann noch einen weiteren und so weiter. Alle Inhalte werden von einer Trennlinie separiert. Das macht diesen zum flexibelsten Contentyp: Damit lässt sich problemlos eine vielseitige kleine microlearning Einheit gestalten.

Es gibt auch audiobasierte Inhaltstypen, die sehr gut eingesetzt werden können. Dort ist nicht nur "das Lernen durch Sehen und Schreiben" wichtig, sondern auch durch das "Hören".

Mit **Speak the word (set)** lässt sich die Aussprache fremder Sprachen sehr gut trainieren. Es wird eine Frage gestellt und die Antwort "spricht man" selbst ins Mikrophon des eigenen Gerätes. Das Audio wird erkannt und die Antwort wird validiert. Dies funktioniert nur mit dem Browser Chrome und nutzt die Google Cloud Spracherkennungssoftware.

Mit **Dictation** kann man das eigene Hörverständnis und Rechtschreibkenntnisse beispielsweise im Sprachunterricht trainieren: Ein vorher erstelltes Audio wird abgespielt und man muss den dazu passenden Text eingeben.

Es gibt aber auch Inhaltstypen, die es ermöglichen längere Texte als Aufgaben zuzuweisen und eine automatische Rückmeldung für den Benutzer über die eingegebene Lösung zu generieren.

Mit dem **Documentation Tool** kann man mit einem mehrseitigen Formular einen Text erstellen und exportieren. Damit kann man zum Beispiel lernen, wie man eine Dokumentation mit allen nötigen Eingaben mit Hilfe eines standardisierten Prozesses erstellt. Das Endergebnis ist exportierbar.

Mit **Essay** kann man einen selbst erstellten Text nach vorgegebenen Kriterien prüfen und bewerten lassen. Autoren können eine Reihe von Schlüsselwörtern definieren, die einzelne Antworten auslösen, wenn sie im Text gefunden werden oder fehlen.

Mit **Instant Feedback** lassen sich klassische Umfragen erstellen, um zum Beispiel die Meinung der Benutzer über die erstellten Aufgaben und den Schwierigkeitsgrad zu sammeln.

Bildbasierte Inhaltstypen

Mit **Image Slider** können Präsentationen -als graphische Bilddateien wie ".png" und ".jpg" in einem Slider eingebunden werden. Man kann Powerpoint oder andere Präsentationsformate einfach als eine Bilderserie speichern (in Powerpoint geht das mit: "Speichern als…") und so verfügbar machen.

Course Presentation bietet die Möglichkeit diese Slides interaktiv zu gestalten: Auf der Image-Folie werden Multiple-Choice Fragen, Lückentexte und andere Arten von Interaktionen eingeblendet.

Mit Hilfe von **Image Hotspots** kann man Bilder mit Hotspots versehen. Hotspots können beim Klicken Texte, Bilder und Videos anzeigen. Ähnlich funktioniert **Find the Hotspot**: Hier müssen die Lernenden die "versteckten" Hotspots finden.

Drag and Drop bietet die klassische Drag and Drop Aufgabe mit Bildern oder Texten.

Image Juxtaposition ist ein sehr spannendes Werkzeug: Der Benutzer kann zwei Bilder interaktiv vergleichen. Sie werden quasi "aufeinander" gelegt und mittels eines Reglers, den man links oder rechts schiebt angezeigt.

Das ist besonders hilfreich, wenn man eine "vorher/nachher" Situation interaktiv erklären möchte: Wie zum Beispiel das Wachstum einer Zelle in einem gewissen Zeitraum, oder die Veränderung der Grenzen zwischen Frankreich und Deutschland zwischen 1789 und 1815.

Ein heutzutage fast vergessenes Lernwerkzeug aus der analogen Zeit sind Lernkarteikarten. Sie wurden in der Vergangenheit mit viel Mühe erstellt und haben lange gedient, um sich Begriffe, Fakten oder Wörter einzuprägen. Die Vorbereitung war jedoch sehr komplex: Die Begriffe mussten vorher geschrieben oder abgetippt werden.

H5P bietet etwas Ähnliches. Der Mechanismus bleibt gleich: Der Benutzer soll eine Antwort basierend auf einem Bild erraten. Dennoch sind die Vorbereitung und Nutzung viel spannender und kreativer. Man kann sie stilvoller und intuitiver als analoge Karteikarten erstellen und natürlich leichter anpassen und wiederverwenden. Es gibt 3 verfügbare Typen:

- **Dialog Cards**: Textbasierte Karten mit einer Frage (und Bild) auf einer Seite und der Antwort auf der Kehrseite
- **Flashcards**: Gleich, aber mit einem moderneren Look-and-Feel
- **Guess the Answer**: Frage mit Bild und Antwortknopf

Weitere Bildaufgaben sind **Collage** (eine Collage aus Bildern erstellen) und **Image Sequencing** (Ordne die Bilder in die richtige Reihenfolge).

Mit **Virtual Tour (360)** können Fragen, Texte und Interaktionen in mehreren 360-Umgebungen eingefügt werden.

Es ist möglich echte 360-Grad-Fotos, mit der Google Street View App zu erstellen, die kostenlos für Android und iPhone verfügbar ist[9].

Wenn man keine Google Street View App verwenden möchte, kann man mit der gängigen mitgelieferten Kamera-App von Android und iOS ein quasi-360-Grad-Foto aufnehmen.

Das Foto ist zwar kein echtes 360-Grad-Foto, da im Bereich des Bodens und des Himmels keine Bilder aufgenommen werden: Das Ergebnis ist aber nicht so schlecht und gut nutzbar.

Damit können Bilder für den Lernenden explorativ verfügbar gemacht werden: Man kann sie selbst in alle Richtungen "navigieren" und Informationen entdecken.

Timeline bietet eine interaktive Zeitleiste, die Ereignisse auf einer Zeitskala darstellen kann. Man kann die einzelnen Ereignisse anklicken, um weitere Informationen, Bilder oder Videos (es können auch externe Videoportale angebunden werden) zu bekommen.

Die Zeitachse kann rein- und rausgezoomt werden, sodass die Darstellung sehr interaktiv und spannend ist.

Bewegtbildbasierte Inhalte

H5P bietet mit **Interactive Video** die Möglichkeit interaktive Videos zu erstellen.

Ein bereits existierendes Video (auch auf einer externen Videoplattform wie Youtube) kann Multiple-Choice Inhalten, Lückentexten, Popup-Texten und anderen Arten von Interaktionen hinzugefügt werden.

Das ist eine der beliebtesten Content Typen, die es ermöglicht Videos viel flexibler und vielseitiger in Lernformen einzusetzen.

---

[9] Dazu unter:
https://support.google.com/maps/topic/6261183?hl=de&ref_topic=3017034, abgerufen am 13.11.2019.

In der Praxis kann man damit ein komplettes Szenario gestalten, in dem der Lernende an bestimmten Punkten interaktiv mit dem Lernstoff umgehen und die klassische eindimensionale Kommunikation eines Videoformats ("es wird etwas gezeigt") durchbrochen werden kann.

Noch spannender (obwohl in der Konzeptionierung und Gestaltung anspruchsvoller) ist das **Branching Scenario**. Hier muss der Benutzer Verzweigungsszenarien durchlaufen, in denen der Dilemmata und Entscheidungen im Laufe des Lernszenarios treffen soll, mit unterschiedlichen Ausgangssituationen. Das erinnert an eine Art adaptives Lernen. Der Inhalt kann auf einem Video oder auf einer großen Auswahl anderer H5P Inhaltstypen basieren.

Tools und Werkzeuge für die eigene Webseite

Bei H5P können auch Werkzeuge benutzt werden, die die Funktionalität einer Plattform erweitern, ohne große Investitionen.

Mit **Chart** kann man online Balken- und Tortendiagramme erstellen, mit **Audio Recorder/Audio Upload** können Audio Dateien erstellt oder hochgeladen werden (**Audio Uploader**).

iframe Embedder ermöglicht die Einbindung von fremden Webseiten via framing.

Es können auch Social Media Inhalte aus **Facebook** Seiten und **Twitterfeeds** eingebunden und in den Lernprozess eingeplant werden.

Impressive Presentation erweitert die Möglichkeit der Präsentation von Inhalten mit Parallax Effekten[10].

---

[10] Nahe Objekte wie Menschen oder Häuser scheinen sich dann deutlich schneller zu bewegen als weit entfernte Objekte wie ganze Wälder oder Berge. Überträgt man diesen Effekt in die virtuelle Welt des Webdesigns, nennt man das Parallax Scrolling.

Spiele für eine Gamifizierung

H5P unterstützt auch die Gamifizierung von Lernszenarien und bietet Spielformate an, die leicht in Lernangebote zu integrieren sind.

Memory: Memory-Game mit Bildern (und optionalem Text)

Find the Word: Wörter im Raster finden und auswählen

Image Pairing: Ein Drag and Drop Spiel, in dem man gleiche Bilder paaren muss

Personality Quiz: Ein Persönlichkeitstest, in dem der Benutzer je nach ausgewählten Antworten einem Profil (einer "Personality") zugeordnet wird

Damit erleichtert H5P das Erstellen von Inhalten, die unterschiedlichste Lern- und Lehrmethoden unterstützen, wie expositive und explorative Ansätzen, wie auch game-based Ansätze[11].

---

[11] Beispiele der Umsetzung von H5P findet man auf: www.smashing-learning.net.

Für fortgeschrittene Benutzer: Integration in vorhandene Systeme

Doch wie kann man die Nutzung und Wirkung der Inhalte in H5P tracken? Mit anderen Worten: Wie wird der Erfolg eines von auf H5P Basiserstellten Inhalten gemessen?

Die Einbindung der H5P Elemente auf einer eigenen Webseite wird sowohl im Rahmen der kostenfreien (H5P.ORG), als auch der kostenpflichtigen Webseite (H5P.COM) unterstützt. Ein Reporting steht aber nur zur Verfügung, wenn H5P auf einem eigenen Wirtssystem installiert ist („H5P via Plugin"). Dann werden auch Nutzungsstatistiken angezeigt.

Wenn man H5P Inhalte von H5P.ORG auf der eigenen Webseite via link eingebunden werden, steht *kein nutzerbezogenes Reporting* zur Verfügung.

Eine weitere Möglichkeit besteht im Rahmen der Nutzung von H5P.COM mit einer LTI[12] Anbindung an das eigene Lernsystem. In diesem Fall können H5P Elemente das Nutzerverhalten tracken und in das existierende LMS Reporting integrieren.

H5P unterstützt -je nach Content Typ- einer Anbindung via xAPI[13]. Das Experience Application Programming Interface (xAPI) ist -vereinfacht dargestellt- eine "gemeinsame Sprache" zwischen einem Lernmodul (das kann ein beliebiges eLearning, eine App auf dem Smartphone, eine Webseite oder in diesem Fall der H5P Lerninhalt) und einer Datenbank. Die Bezeichnung für diese Datenbank ist »Learning Record Store« (LRS). Im Unterschied zu einem LMS Reporting speichert ein LRS die Lernaktivität der Benutzer auf verschiedenen Plattformen und stellt dann dem LMS oder einem anderen Reporting-System die Daten zur Verfügung. Hier eine zusammenfassende Tabelle:

---

[12] LTI heisst Learning Tools Interoperability, siehe dazu mehr im Glossar.
[13] Mehr zur xAPI im Glossar.

Content	Tracking
Content wird auf H5P.ORG gehostet	-Keine Tracking Möglichkeiten
Content wird auf dem eigenen Wirtssystem gehostet (Moodle, Wordpress, Drupal)	-Tracking möglich -Statistiken werden im eigenen Wirtssystem angezeigt -Anbindung an ein LRS möglich (z.B. bei Moodle)
Content wird auf H5P.COM gehostet	-Tracking möglich -Statistiken sind auf H5P.COM verfügbar -Trackingdaten können via LTI oder xAPI ans eigene LMS oder LRS gesendet werden

Tabelle 1. Übersicht der Trackingmöglichkeiten mit H5P

Die Konfiguration solcher Funktionalitäten erfordert ein tieferes technisches Verständnis von Webtechnologien wie JavaScript und etlichen Programmiersprachen, und liegt außerhalb der Zielsetzung dieser kurzen Einführung.

Wir erwähnen diese Möglichkeiten dennoch, um zu zeigen, wie das H5P Projekt eine sehr solide technische Unterstützung bietet und schon jetzt eng mit zukunftsweisenden Technologien arbeitet.

Lernen wird in der Zukunft immer stärker in informellen Kontexten und entsprechend flexiblen und vernetzten Umgebungen stattfinden. Lernen wird nicht mehr auf einem zentralen LMS stattfinden, sondern gleichzeitig auf mehreren "digitalen Orten" (LMS, Webinarräume, Online Communities,

Apps, Intranet) und auf mehreren Geräten (PC, Arbeitsplatz Screen, Smartphone, TV, Tablet).

Die Lernenden werden diverse Systeme kennenlernen, und zwischen ihnen das passende Lernangebot finden.

Der Aufwand der Zusammenführung der entsprechenden Trackinginformationen wird immer stärker Lösungen privilegieren, die den hohen administrativen Aufwand verringern und eine größere Interoperabilität und Austausch mit anderen vorhandenen Systemen unterstützen.

Dafür ist H5P sicher gut ausgerüstet.

VIER: MIT H5P LERNPROZESSE UNTERSTÜTZEN

Didaktische Orientierung – einige Empfehlungen

H5P ist ein sehr flexibles und vielseitiges Werkzeug, um interaktive Lerninhalte zu erstellen. Doch was nutzt ein Kompass ohne ein Ziel, das es zu erreichen gilt? Ohne Reflexion und didaktische Gestaltung wird auch H5P wenig zum Lernerfolg der Studierenden beitragen.

Zum Einsatz von H5P gehört auch eine didaktische Konzeption, die die folgenden Fragen beantwortet:

- Wie sieht meine Zielgruppe aus? Welche Eigenschaften, Vorkenntnisse, Erwartungen hat sie?

- Was will ich mit diesem Lernformat erreichen?

- Wie wird meine Zielgruppe die Inhalte nutzen?

Der erste Schritt vor dem Arbeiten mit H5P ist daher nicht die Konfiguration der unterschiedlichen Inhaltstypen, sondern die Analyse des Bildungsproblems oder die Ermittlung des genauen Bildungsbedarfs (Kerres 2018, S.296): Wer ist meine Zielgruppe? Welche Probleme hat sie? Besteht das Problem aus Mangel an „Wollen" oder aus Mangel an „Wissen"? Welche Probleme lassen sich durch „Lernen" der Personen lösen? Was soll das Lernangebot konkret verändern? Welche Wirkung ist erhofft?

Damit keine Zeit und Ressourcen für eine unproduktive Gestaltung verloren gehen, sollte man immer diesem Prinzip folgen:

Stop! Analyse! Design!

und, so ausführlich wie möglich, eine Antwort auf die o.g. Fragen formulieren. Damit ist gemeint: Kreatives Arbeiten ist nicht möglich ohne vorab die oben genannte Eckpunkten festzulegen, ohne über Ziele und die unterschiedlichen Wege dorthin nachzudenken.

Im Rahmen dieses Buches ist es nicht möglich alle Lernszenarien für den Einsatz von H5P zu beschreiben. Oder auch nur die relevantesten Theorieansätze zu *Instructional Design*, die dabei hilfreich sein können, aufzulisten. Vielmehr möchten wir hier wenige Ideen und Empfehlungen für die Praxis teilen und einige wenige didaktische Hinweise geben.

Empfehlung 1: Gestalte klein, aber denke groß!
Zu einer erfolgreichen Gestaltung mit H5P gehört immer ganzheitlich, an vier Aspekte zu denken (siehe Edwards 2015):

Bette die H5P Elemente in einen Kontext ein: In welchem Kontext wird der Lernende auf die Lerninhalte treffen? Auf einer sehr einfachen Ebene entscheidet der Lernende auf Grundlage der unmittelbaren Eindrücke, ob eine Lektion langweilig oder interessant sein wird. Der Wert, mit Relevanz, Vergnügen oder sogar Spannung anzufangen, ist nicht zu unterschätzen.

Gestalte die Aufgaben in einer entsprechenden, aber nicht allzu gewohnten Weise: Die Aufgabe muss den Lernenden engagieren und herausfordern, nicht zu viel, aber auch nicht zu wenig. Eine interaktive Verständnisfrage nach einem Absatztext wird bspw. eher als störend empfunden. Eine H5P Multiple Choice Abfrage nach einem 10 Min. Video ist sicherlich spannender. Visuelle und akustische Reize sollten den Lernenden anspornen die Aufgabe zu lösen.

Kein Wissen ohne Wirkung: Die Aufgabe des Lernenden sollte eine Veränderung in der Welt auswirken. Das Erstellen von Aktivitäten, die den Lernenden auf den Inhalt fokussieren, sollte wiederum auf die tägliche Realität des Lernenden bezogen werden und das erzielte Ergebnis mit dieser Realität verknüpfen. Zum Beispiel kann das Lernen eines Software-Programms besser durch die Erstellung von Produkten erlernt werden, als durch Auflistung der Eingabefelder.

Sobald eine Interaktion geschehen ist, sollte der Lernende Feedback bekommen. Es empfiehlt sich, eine unmittelbare und klare Rückmeldung über falsche Antworten zu geben und die Übung mit einer kurzen Erklärung auszustatten: Je enger das Feedback für den Lernenden, desto leichter ist der Lernprozess. Diese Rückmeldung sollte hilfreich, konstruktiv und informativ sein, um dem Lernenden in seinem selbstgesteuerten Lernen zu unterstützen.

Ein Beispiel für eine kurze interaktive Sequenz mit H5P kann wie folgt gestaltet werden:

Element	Was?	Beispiel H5P
START/ INPUT	Das Lernen. Die Lerninhalte werden präsentiert und man bekommt Informationen über den Lehrstoff, dessen Verständnis im Fortgang der Einheit überprüft werden kann. Zugleich wird der Kontext des Lehrstoffes präsentiert ("Worum geht es?", "Was habe ich damit zu tun?").	**Video/Audio/Text** (2-3 min Dauer)
VERSTÄNDNIS SICHERUNG	Es werden die relevantesten Inhalte vom Gelernten wieder aufgerufen und dessen Verständnis geprüft.	**Multiple/Single Choice Fragen**
ANWENDUNG	Der Lernende wird aufgefordert die Lerninhalte anzuwenden, um eine Aufgabe oder ein Problem zu lösen. Die Lerninhalte werden reflektiert und es wird am schon Bekannten angeknüpft.	**Drag and Drop** Aufgabe oder **Interaktives Video** mit Fragen
KURZE WIEDER HOLUNG	Die relevantesten Inhalte werden erneut kurz präsentiert. Dies gibt dem Lernenden die Möglichkeit zur zusätzlichen Reflexion.	**Accordion** mit Zusammenfassung des Lernstoffes oder **Summary** mit der Zusammenfassung der wichtigsten Inhalte.

ABSCHLUSS	Die Erreichung des Lernziels wird dem Lernenden mitgeteilt. Diese Transparenz verstärkt den Lernprozess auf positive Weise.	Einblendung am Ende des Summarys: "Gut gemacht, Du hast diesen Abschnitt bestanden!"

Tabelle 2. Microlearning mit H5P in der Praxis gestalten

Empfehlung 2: Setze das "didaktische Rasiermesser" ein!

Beim Einsatz von H5P gilt das von Ockham entwickelte Prinzip, nur eingesetzt in der Didaktik: Das "didaktische Rasiermesser":

> „Umsonst geschieht mit Hilfe von Mehr, was mit weniger bewirkt werden kann "[Summa logicae 1,12]

Das Prinzip des "didaktischen Rasiermessers" ist nicht als Beschränkung in den Möglichkeiten der Lernenden zu verstehen. Sondern im Gegenteil als Versuch, dem Lernenden Zeit und Raum zu lassen, sich frei in einer Microlearning Einheit zu bewegen und dem Lernstoff zuzuwenden.

Damit sind die Fokussierung auf ein Lernziel pro (micro)Lerneinheit, die Reduktion des Lernstoffs auf kurze, handliche Stücke ("bite-size", "learning nuggets")[14], die Vereinfachung von komplexen Sachverhalten auf eine übersichtliche Darstellung und der sparsame Einsatz von Elementen gemeint.

Die interaktiven Elemente können in diesem Kontext eine Hilfe, aber auch eine Ablenkung für den Lernprozess sein, je nach

---

[14] Siehe auch Jahnke et all (2019).

Situation: Eine Drag and Drop Aufgabe mit Dutzenden von Feldern und Drop Elementen wird schwer auf einem Smartphone Display zu absolvieren sein, obwohl die H5P Elemente technisch funktionieren. Man sollte genau überlegen, ob die gleiche Wirkung und Herausforderung nicht doch mit wenigen Elementen erreicht werden kann.

Empfehlung 3: Lernen ist ein mehrdimensionaler Prozess, der mehrdimensionale Unterstützung erfordert!

Obwohl Onlinelernen oft als isoliertes Lernen (miss)verstanden wird, geschieht dieses Lernen auf unterschiedlichen Stufen. Das didaktische Dreieck (Salmon 2004) des virtuellen Lernens, besteht aus den Eckpunkten Kognition, Kommunikation und Kollaboration, stets aufeinander und auf das Lernobjekt (als Mittelpunkt) bezogen. Beim Onlinelernen ist immer das Lernthema im Fokus. Dennoch kann dies erst durch die Kommunikation und die Kooperation mit anderen Lernenden zu Wissen werden.

Die Gestaltung von H5P kann daher nicht in Isolation stattfinden, sondern am besten in einem "Lernsetting", das sowohl virtuelle, synchrone (Videokonferenz, Chat), als auch virtuelle asynchrone (Bloggs, Foren), wie auch Präsenzmomente (Klassenunterricht, Coaching, etc) als Werkzeuge berücksichtigt.

Das Bereitstellen von Onlineressourcen allein garantiert nicht den Erfolg des mediengestützten Lernens. Vielmehr sind im Lernprozess mehrere Aspekte zu berücksichtigen: Gilly Salmon beschreibt ein strukturiertes mehrstufiges Modell, mit dessen Hilfe alle Akteure – Lehrende und Lernende – einen erfolgreichen Einstieg in das Onlinelernen und -lehren finden können. Dabei werden sowohl Motivation der Lernenden, als auch soziale Aspekte adressiert. Lernen geschieht nicht nur auf kognitiver Ebene, sondern ist ein Produkt des Informationsaustausches mit anderen. Wissen wird sozial und kommunikativ konstruiert, durch Interaktion mit Lehrenden und anderen Lernenden.

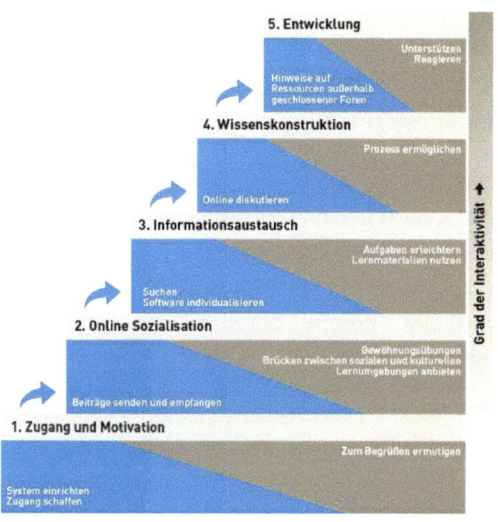

Abbildung 12. Das Fünf-Stufen-Modell von Gilly Salmon[15]

Ein Beispiel ist die Einbettung von Online Angeboten mit H5P als Teil eines "*Flipped Classrooms*". Vor dem Unterricht erarbeiten die Lernenden selbstständig einige Lerninhalte mit H5P, wobei der Fokus auf den kognitiven Aspekten liegt. In einer nachfolgenden Klassenraumveranstaltung stehen Kommunikation und Kooperation der Lernenden und Lehrenden im Zentrum.

---

[15] Quelle: http://www.einfachlehren.tu-darmstadt.de/themensammlung/details_4800.de.jsp

Damit würde jede sterile Kontraposition zwischen "offline" und "online" Lernen, wie auch zwischen "eLearning" und „Präsenztraining" überholt. H5P bietet die Gelegenheit, solche Lernsettings flexibler und interaktiver zu gestalten. H5P ist dennoch ein Werkzeug. Es sollte immer klar sein, wozu man es einsetzen möchte und welche Anforderungen die Lernenden haben. Diese Voraussetzungen sind fachspezifisch und sollten didaktisch umgesetzt werden. Das zeigt, dass H5P als "Web 2.0" Werkzeug

> "[…] demonstrates that instructional design is not dispensable but even becomes more complex. It does not imply a completely new approach but should integrate the various views to instructional design developed in different theoretical traditions." [16]

---

[16] Kerres 2007, S.15.

FÜNF: H5P LIZENZMODELL UND DATENSCHUTZ

Wer mit H5P Inhalte erstellen will, muss sich mit den Themen Lizenz und Datenschutz befassen.

H5P Software als Autorenwerkzeug

H5P als Autorensoftware ist von der MIT Lizenz abgedeckt. Dies ermöglicht eine große Freiheit im Umgang mit der Software: Jeder kann in der H5P Entwickler Community mitmachen.

Man kann dazu beitragen, neue Inhaltstypen zu erstellen, existierende Inhaltstypen in anderen zu verschachteln und dabei den Funktionsumfang von H5P erweitern.

Des Weiteren werden von der Entwickler Community stetig existierende Anbindungen an andere Systeme (Plugins, etc.) oder neue Anbindungen weiterentwickelt, um H5P in ein Websystem oder CMS besser integrieren zu können. Nach Fertigstellung des neuen Codes, überprüft das Core Team die allgemeine Kompatibilität mit den anderen Bibliotheken und garantiert ein hohes Qualitätsniveau, sowie eine gemeinsame Koordination.

Schließlich können auch Nichtentwickler Aufgaben wie die Übersetzung der Inhaltstypen übernehmen. H5P ist seit Kurzem mehrsprachig, was die Integration und Verbreitung noch weiter unterstützt. Möglich ist es auch, neue Features als Beta-Tester zu prüfen, bevor sie final freigegeben werden und damit an der finalen guten Qualität des Codes beizutragen.

H5P verwendet dafür die MIT Lizenz, die lautet:

> Permission is hereby granted, free of charge, to any person obtaining a copy of this software and associated documentation files (the "Software"), to deal in the Software without restriction, including without limitation the rights to use, copy, modify, merge, publish, distribute, sublicense, and/or sell copies of the Software, and to permit persons to whom the Software is furnished to do so, subject to the following conditions: The above copyright notice and this permission notice shall be included in all copies or substantial portions of the Software.

Lizenzierung der mit H5P erstellten Inhalte

Die auf H5P.org erstellten Inhalte unterliegen der Creative Commons Attribution 4.0 [17]. Der Autor kann selbst bestimmen, welche Lizenz er für seine produzierten Inhalte verwenden möchte.

Creative Commons (CC) ist eine Non-Profit Organisation, die verschiedene Standard Lizenzmodelle definiert hat, die bei der Verbreitung kreativer Inhalte eingesetzt werden können.

Unter dieser Lizenz wird gewährleistet, dass kreative Werke ausgetauscht, verändert oder auch kommerziell verwendet werden dürfen. Dennoch entscheidet der Urheber ganz transparent und rechtssicher, wie Andere mit seinem Werk umgehen dürfen.

---

[17] Für eine detaillierte Beschreibung: http://creativecommons.org/licenses.

CC ist dabei selbst weder Verwerter noch Verleger von Autoren: Die Lizenzverträge sind vielmehr eine Hilfe für den Urheber, der sie übernimmt und in eigener Verantwortung verwendet.

Im CC Modell sind folgende Szenarien vorgesehen:

CC BY: Namensnennung

Diese Lizenz erlaubt anderen, Ihr Werk zu verbreiten, zu remixen, zu verbessern und darauf aufzubauen, auch kommerziell, solange Sie als Urheber des Originals genannt werden. Dies ist die freieste Lizenz, die wir anbieten, empfohlen für maximale Verbreitung und Nutzung des lizenzierten Werkes.

CC BY-SA: Namensnennung-Weitergabe unter gleichen Bedingungen

Diese Lizenz erlaubt es anderen, Ihr Werk zu verbreiten, zu remixen, zu verbessern und darauf aufzubauen, auch kommerziell, solange Sie als Urheber des Originals genannt werden und die auf Ihrem Werk basierenden neuen Werke unter denselben Bedingungen veröffentlicht werden. [...]

CC BY-ND: Namensnennung-Keine Bearbeitung

Mit dieser Lizenz können andere das Werk für jeden Zweck, auch für gewerbliche Zwecke, wiederverwenden. Es kann jedoch nicht in angepasster Form mit anderen geteilt werden, und Sie müssen eine Gutschrift erhalten.

CC BY-NC: Namensnennung-Nicht kommerziell

Diese Lizenz erlaubt es anderen, Ihr Werk zu verbreiten, zu remixen, zu verbessern und darauf aufzubauen, allerdings nur nicht kommerziell. [...]

]CC BY-NC-SA: Namensnennung-Nicht-kommerziell-Weitergabe unter gleichen Bedingungen

Diese Lizenz erlaubt es anderen, Ihr Werk zu verbreiten, zu remixen, zu verbessern und darauf aufzubauen, allerdings nur nicht kommerziell und solange Sie als Urheber des Originals genannt werden und die auf Ihrem Werk basierenden neuen Werke unter denselben Bedingungen veröffentlicht werden.

CC BY-NC-ND: Namensnennung-Nicht-kommerziell-Keine Bearbeitung

Sie erlaubt lediglich Download und Weiterverteilung des Werkes unter Nennung Ihres Namens, jedoch keinerlei Bearbeitung oder kommerzielle Nutzung.

Public Domain / CC0 (Zero): "keine Rechte vorbehalten": Rechteinhaber können auf alle Rechte verzichten und ein Werk in die Public Domain einbringen, und das **Public Domain Mark** erlaubt es jedem Webnutzer, Werke als Teil der Public Domain zu "markieren".

Mit dem H5P „Metadata Widget" kann jeder Autor entscheiden, welches Lizenzmodell er verwenden möchte.

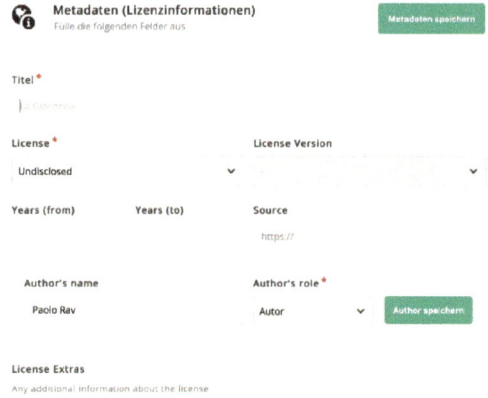

Abbildung 13. Metadata Widget

Zudem können dem Content weitere Informationen hinzugefügt werden, die wichtig für die weitere Verwendung sind, wie zum Beispiel weitere zusätzliche Lizenzinformationen eingefügt werden.

Wichtig ist zu beachten, dass der *Autor frei entscheiden kann*, wie er den erstellten Content zur Verfügung stellen will oder wie er möchte, dass ihn weiter benutzt oder verändert wird. Über die Möglichkeit zum Download oder zur Wiederverwendung durch einbetten (via iframe) kann er selbst entscheiden und sie auch unterbieten:

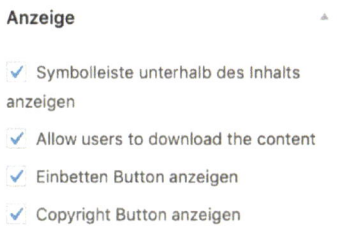

Abbildung 14. Einbettungsmöglickeiten und Lizenzinformationen im Editor

H5P lässt jedem die Freiheit, dies einzustellen und die Verantwortung, rechtlich und ethisch korrekt mit dem Werk Anderer umzugehen.

Zu beachten ist, dass der Betreiber einer Internetseite keine Urheberrechtsverletzung begeht,

> wenn er urheberrechtlich geschützte Inhalte, die auf einer anderen Internetseite mit Zustimmung des Rechtsinhabers für alle Internetnutzer zugänglich sind, im Wege des „Framing" [iframe] in seine eigene Internetseite einbindet.

Dies unterliegt zwei Bedingungen:

- Das Publikum darf nicht erweitert werden. Wenn das Video nur für eine bestimmte Zielgruppe sichtbar gemacht wurde, darf niemand dies mittels Framing Anderem zeigen.

- Die Wiedergabeform darf nicht verändert werden: Video bleibt Video, Bild bleibt Bild. (BGH 09.07.2015)[18].

Das heißt, falls sich der Autor für die Veröffentlichung der Inhalte entscheidet, darf ein anderer Webseitenbetreiber diese Inhalte auf seiner Webseite via iframe einbinden (vorausgesetzt es sind die zwei Bedingungen oben gewährleistet).

Wer verhindern möchte, dass seine auf H5P.org erstellten Inhalte weiter auf einer anderen Webseite genutzt werden, und ohne klar erkennbare Quellenangabe geteilt werden, kann das Bild oder Video beispielsweise mit seinem Logo branden und die Lizenzrechte entsprechend in Widget auswählen und einblenden lassen.

Alle Inhalte auf H5P.org sind öffentlich sichtbar, denn mit der Erstellung auf H5P.org gibt der Autor seine Zustimmung dafür.

Für alle Inhalte, die auf eigenen Webseiten, (Wordpress, Moodle, Drupal) erstellt werden und jemand anderer auf der eigenen Webseite per iframe eventuell einbindet, wendet sich auch das Urteil von BGH unter Einhaltung der zwei erwähnten Bedingungen.

---

[18] http://juris.bundesgerichtshof.de/cgi-bin/rechtsprechung/document.py?Gericht=bgh&Art=en&Datum=Aktuell&nr=71618&linked=pm

H5P und Datenschutz (DSGVO)

Wichtig für jeden Autor zu wissen ist es, was es mit H5P und Datenschutz auf sich hat. Sind die H5P Inhalte Datenschutz konform? Ist etwas besonders zu beachten? Hier muss man zwischen zwei Szenarien unterscheiden.

Szenario 1: H5P Inhalte werden auf H5P.org gehostet und auf der eigenen Plattform via iframe eingebettet.

In diesem Fall geschieht kein individuelles Tracking der Benutzer (siehe oben Thema Tracking). Es werden auch keine persönlichen Daten gesammelt. Nach Angaben des H5P Projekts werden lediglich anonymisierte statistische Informationen gesammelt, aber keine Personenbezogenen.

Szenario 2: H5P wird auf der eigenen Plattform gehostet und genutzt oder es wird via LTI oder xAPI an weitere Systeme angebunden.

In diesem Fall werden personenbezogene Daten erhoben und abgespeichert. Die Erhebung und Nutzung muss in der Datenschutzerklärung transparent gemacht, wie auch die rechtlichen Gründe für die Nutzung gemäß Art. 6 DSGVO deklariert werden.

Welche Daten genau gespeichert werden, muss je nach Wirtssystem (Moodle, Wordpress, Drupal) oder Art der Anbindung, Tracking (LTI, xAPI) und Konfiguration des Wirtssystems eingestellt werden.

Die in diesem Buch enthaltenen Hinweise sollen jedoch nur eine erste Orientierung in das Thema geben und sollen die Einzelfälle der praktischen Implementierung nicht abdecken. Hier lohnt es sich, einen Blick in die H5P Dokumentation zu werfen[19].

Eine korrekte Behandlung der Lizenzierung der H5P Inhalte und des Datenschutzes dürfen vor der Nutzung von H5P nicht abschrecken, aber müssen immer mitbedacht werden und helfen, Probleme und potenzielle Handlungsfelder für die eigene praktische Umsetzung rechtzeitig zu erkennen.

---

[19] https://h5p.org/plugin-gdpr-compliance.

FAZIT: H5P NUTZEN UND VERBREITERN

Mit H5P kann jeder, auch ohne Programmierkenntnisse, mühelos interaktive Inhalte für das Web erstellen, bearbeiten und wiederverwenden.

Die Nutzung von H5P ist kostenfrei und die intuitive Weboberfläche kann von jedem Lehrenden (Lehrer, Student, Schüler, Fachexperte) ohne große vorherige Einarbeitung bedient werden. Die vorhandenen Inhaltstypen decken ein breites Spektrum an didaktischen Szenarien ab und können gut angepasst werden. Lerninhalte können interaktiv, mobil, responsive und mit wenig Aufwand erstellt werden. Interoperabilität des Contents und Flexibilität in der Anbindung an existierende Systeme sind ein weiterer Pluspunkt von H5P.

Wer ein ausführliches Tracking über Nutzung der Inhalte und umfangreiche Statistiken haben möchte, sollte sich jedoch für die kommerzielle Version (H5P.COM) entscheiden und etwas technisches Verständnis mitbringen.

Damit stellt H5P eine der interessantesten und spannendsten Angebote der OER und Open Source Szene dar.

KLEINES GLOSSAR

Ein **Application Programming Interface (API)** ist eine Programmierschnittstelle. Durch diese Schnittstelle können Daten zwischen zwei Anwendungen ausgetauscht werden.

Blended Learning ist eine Kombination aus Präsenz- und Onlinelernen, wobei die Elemente, die kombiniert werden, nicht nur „aufeinander folgen": „Bei der Einführung mediengestützter Elemente entsteht ein neues Lernangebot, das Rückwirkungen auch auf die Face-to-face-Elemente hat. Es entsteht etwas Neues, das als Ganzes neu durchzuplanen ist" (Kerres 2018, S. 412).

Bilddateiformate: JPG und **PNG**. Das **JPG-Bildformat** wurde in 1992 von Joint Photographic Experts Group (**JPEG**) entwickelt, mit dem Zweck große Fotodateien kleiner und einfacher auszutauschen. Die JPG Komprimierung hat erhebliche Qualitätsverluste und bestimmte Informationen werden dabei unwiderruflich gelöscht.

Das **PNG-Dateiformat** (Portable Networks Graphics) wird besonders für Web-Bilder eingesetzt. Die Dateikomprimierung ist verlustfrei und das Format unterstützt Transparenz (einen transparenten Hintergrund um ein geformtes Objekt).

Ein **Content-Management-System (CMS)** ist eine Software, die hilft, Inhalte (Content) jeglicher Form (Texte, Bilder, Multimedia) zu organisieren, bearbeiten und zu verwalten. Beispiele dafür sind Drupal, Typo3 und Joomla.

Ein **Document Management System (DMS) ist** eine Software, in der Dokumente digital aufbewahrt, bearbeitet und verändert werden können. Ein Beispiel dafür ist ELO.

Drupal ist ein Content Management System.

Mit **Flipped Classroom** ist folgendes gemeint: Bevor man an der Offline Lehrveranstaltung teilnimmt, werden Online Aufgaben erledigt. Damit

„kehrt" man die klassische Reihenfolge im Unterricht „um" (in Englisch: „to flip"). Diese gewöhnliche Reihenfolge sieht vor, dass den Studierenden im Unterricht Informationen präsentiert werden, und diese erst nach der Veranstaltung bearbeitet werden. Beim Flipped Classroom bearbeiten die Studierenden den Lernstoff vor dem Unterrichtstermin.

Mit **Gamifizierung** oder **Gamification** ist die Anwendung von Spielstrategien und -Techniken auf nicht-spielerische Kontexte wie zum Beispiel Lernen gemeint. Beispiel für solche Techniken sind die Vergabe von Punkten, Badges oder Rollen beim Absolvieren von Lernaufgaben. Der Einsatz von Gamifizierung verspricht, die extrinsische Motivation beim Lernen zu steigern und die Lernenden besser zu aktivieren.

HTML5 ist die fünfte Fassung der Hypertext Markup Language (HTML), einer Computersprache, die dazu dient Texte und andere Inhalte mittels eines Browser anzuzeigen. HTML ist die „Sprache" des Webs. HTML in der Version 5 führt spezifischen Neuigkeiten zum Anzeigen und Abspielen von multimedialen Elementen. Damit lassen sich Webseiten interaktiver und dynamischer darstellen.

Ein Inlineframe (oder **iframe**) ist ein HTML-Element, das benutzt wird, um Webinhalte (ein Video, einen Text oder auch eine ganze Webseite) als selbständiges Element auf einer Webseite anzuzeigen. Damit können live Inhalte einer Webseite („host") auf eine andere übertragen werden, ohne dass die Inhalte auf dem host hochgeladen werden.

Java, **Java Script**: Java ist eine Programmiersprache, die oft für das Web eingesetzt und die genutzt wird, um Programme für jede Rechnerarchitektur zu schreiben (sie ist plattformunabhängig).

Ein **Learning Management System (LMS)** ist eine Software, die hilft, Lerninhalte (Lernmodule) zu verteilen und für Studierende verfügbar zu machen, aber auch um Inhalte zu organisieren, erstellen und zu bearbeiten. Ein LMS prüft auch, welche Inhalte von welchem Nutzer abgeschlossen worden sind.

Mittels **LTI (Learning Tools Interoperability)** können Lernsysteme mit externen Systemen wie Webseiten und APPs kommunizieren. Damit können Informationen über Nutzer- und Lernverhalten gesammelt und evaluiert werden, ohne dass man API (Schnittstellen) zu externen Systemen programmiert. Diese Technologie wird von der IMS Global Konsortium entwickelt (https://www.imsglobal.org).

Ein **Learning Record Storage (LRS)** ermöglicht, Lerndaten aus einer Reihe von Aktivitätstypen zu speichern - von mobilen Apps, Spielen bis hin zu Simulationen. Damit können Daten aus unterschiedlichen Lernerfahrungen gesammelt und analysiert werden, das nicht nur aus einem Learning Management System (LMS).

Moodle ist ein populäres Learning Management System, sehr verbreitet im Schul- und Universitätsbereich.

Ein **Plugin** ist eine Software-Erweiterung oder ein Zusatzmodul, das die Funktionalitäten einer Software erweitert. Durch spezifische Plugins können modulare Funktionalitäten einer Software erweitert werden, ohne den gesamten Quellcode umzuschreiben. Durch Plugins lassen sich leicht neue Funktionalitäten bei Moodle, Wordpress oder Drupal hinzufügen.

Web 2.0 ist ein Stichwort, das seit Anfang 2003 genutzt wird und bezeichnet die „zweite Generation" von Webseiten und Webanwendungen, die eine Reihe interaktiver und kollaborativer Elemente beinhaltet. Der Nutzer konsumiert dabei nicht nur passiv Inhalte, sondern erstellt auch selbst Inhalte oder stellt sie anderen zur Verfügung.

In Anlehnung an das Nutzerverhalten bei Social Media (wie Facebook, oder Instagram), spricht man dabei auch von **user generated content**. Der Nutzer stellt Anderen freiwillig und kostenfrei eigenproduzierte Texte, Bilder und Videos zur Verfügung.

Wordpress ist eine in Deutschland sehr populäre Blogsoftware, die auch als Content Management System genutzt wird.

LITERATURVERZEICHNIS UND LESEEMPFEHLUNGEN ZU H5P

Edwards, E. (2015), Using Instructional Interactivity to Improve e-Learning Design, Allen Interactions, abrufbar als eBook unter: https://www.alleninteractions.com/elearning-instructional-design-ccaf, abgerufen am 13. Nov. 2019.

Google (2019), Google Trends: Abrufe von H5P, https://trends.google.com/trends/explore?date=today%205-y&q=H5P, abgerufen am 13. Nov. 2019.

Giurgiu, L. (2017), MICROLEARNING AN EVOLVING ELEARNING TREND , Scientific Bulletin Vol. XXII No 1(43), S. 18-23.

H5P Offizielle Projektwebseite, https://h5p.org/documentation, abgerufen am 13. Nov. 2019.

Hirsch, N. (2017), Handbuch H5P: Interaktive Bildungsinhalte erstellen, verbreiten und anpassen, Independently published (AMAZON).

Jahnke, I., Lee, YM., Pham, M. et al. (2019), Unpacking the Inherent Design Principles of Mobile Microlearning, Technology, Knowledge and Learning, Springer Verlag, S. 1-35.

Kerres, M. (2007), Microlearning as a challenge for instructional design, In: Hug, T. & Lindner, M. (Eds.) Didactics of Microlearning. Münster: Waxmann (via Universität Duisburg-Essen).

Kerres, M. (2018), Mediendidaktik: Konzeption und Entwicklung mediengestützter Lernangebote, De Gruyter Oldenbourg; Auflage: 4th expanded and corrected edition (29. August 2013).

Ockham, W. (1974), Guillelmi de Ockham opera philosophica et theologica, Reihe Opera philosophica, hrsg. The Franciscan Institute of St. Bonaventure University, St. Bonaventure (N.Y.) 1974–1988, Bd 1: Summa logicae, 1974.

Park Y., Kim Y., A Design and Development of micro-Learning Content in e-Learning System,International Journal on advanced science engineering information technology, Vol.8 (2018) No. 1, INSIGHT - Indonesian Society for Knowledge and Human Development.

Rösch, .E (2017), H5P: interaktive Inhalte für Lernprozesse, in Medienpädagogik Praxis Blog: https://www.medienpaedagogik-praxis.de/2017/05/23/h5p, abgerufen am 13. Nov. 2019.

Salmon, G. (2004), E-tivities. Der Schlüssel zu aktivem Online-Lernen. Zürich: Orell Füssli.

Salmon, G. (2019), https://www.gillysalmon.com/five-stage-model.html, abgerufen am 13.11.2019.

Schule Baden Württemberg (2019), Anleitung zu H5P, https://www.schule-bw.de/themen-und-impulse/uebergreifende-erziehung/medienerziehung/interaktiv/anleitung-h5p, abgerufen 13. Nov. 2019.

Wikipedia: https://de.wikipedia.org/wiki/H5P, abgerufen am 13. Nov. 2019.

Wittgenstein, L. (2003), Tractatus logico-philosophicus, Logisch-philosophische Abhandlung. Suhrkamp, Frankfurt am Main.